Elisabeth Tschudi-Steinmann **DER MYSTERIÖSE FUND**

Gewidmet all denjenigen, welche um einen geliebten Menschen trauern.

Autorin und Verlag danken dem Novartis Venture Fund
für die finanzielle Unterstützung.

Text und Bilder: Elisabeth Tschudi-Steinmann
Satz: semmel.ARTS, Basel
Herstellung: Fleury Druck, Biel-Benken

Copyright 2005 emmel.hofer.erni GmbH, Basel
Dieses Werk einschliesslich aller seiner
Teile ist urheberrechtlich geschützt.

ISBN 3-906436-13-6

HORCH! Verlag, Postfach 954, CH-4153 Reinach 1

DER MYSTERIÖSE FUND

ODER

WO SIND DIE SEELEN DER VERSTORBENEN?

Illustrierte Denkanstösse zum Thema Sterben, Tod, Wiedergeburt und Ewigkeit

Elisabeth Tschudi-Steinmann

Das sind die fünf zwölfjährigen Kinder der Detektivbande «Klick»! Der pfiffigste Kinderclub der Gegend: genial, schnell und erfolgreich!
Ihr Anführer, Lockenkopf Urs, hat sein Handy «Emma» stets griffbereit. Er hält seine Adleraugen gerne weit offen.

Die nachdenkliche Leila, genannt «Blondzopf», kann hintergründiger überlegen und besser voraus denken als andere Kinder. Sie analysiert alles. In ihrer Hosentasche wohnt eine Lupe.

Ihre Freundin ist die Sprinterin Anja mit den langen Beinen. Eine viel zu strenge Pagenfrisur zügelt ihre pechschwarzen Haare. Statt einer Halskette trägt sie einen Feldstecher um den Hals. Sie will immer genau voraus schauen können, wohin sie sprinten wird!

«Laubfleck Lukas» mit seinen tausend Sommersprossen und den feuerroten Haaren, die er mit Stolz nur als Bürstenschnitt trägt, spart nie mit frechen Sprüchen. Er ist ein echter Scherzkeks. Seine Neugierde stillt er mit dem Fotoapparat.

Brillenträger «Otto Siebengscheit» ist etwas zu mager und zu bleich für sein Alter. Er liest fast zu viel. Dafür handelt er intelligent und denkt vernetzt. Meistens spielt er mit einem Bleistift in der Hand. Er notiert genau, wenn's ernst gilt.

Diese fünf superschlauen Kinder haben sich vor vier Jahren zu einer verschworenen Bande zusammen getan. Weil ihre Charaktere so verschieden sind, kommen sie ausgezeichnet miteinander aus. Ihr Hobby? Sie denken und diskutieren viel, decken fürs Leben gerne Krimifälle auf. An ihrer Schule werden sie oft auch die «Klick-Spione» genannt, denn sie finden einfach alles heraus.
Eingeschlagene Scheiben? Gestohlene Velos? Beschädigte Autos? Beschmierte Wände? Demolierte WC-Anlagen? Kein Problem. Die Klick-Bande ist unermüdlich auf Achse, hält die Augen offen und die Ohren steif! Einmal auf Spurensuche werden sie immer fündig!
Sie sind selbst der Polizei bestens bekannt. Immerhin haben sie schon zwei Auszeichnungen und etliche Dankesbriefe erhalten.
Nur die Lehrer sind weniger begeistert von den emsigen Aktivitäten der Fünferbande, denn diese hinterfragt allzu oft auch sie und ihre Arbeitsmethoden …

Im nahen Wald ist eine von den Tieren längst verlassene Fuchshöhle der geheime Treffpunkt der Bande. Die Kinder haben sie selbst erweitert und zu einem gemütlichen Unterschlupf ausgebaut. Dort werden jeden Samstagnachmittag die neusten Fälle besprochen.

Eben sind die fünf Detektive auf einem Feldweg unterwegs zur Höhle. Allzeit bereit, mit frohem Mut, geschärftem Blick, wachem Geist, griffbereiter Hand und locker strammen Schritten.
Auf einmal entdeckt Anführer Urs eine eigenartige Spur, eine Schleifspur, die Richtung goldenes Ährenfeld führt. Wie gewohnt nimmt er die Verfolgung auf. Er lässt auf sich warten.
Zum Glück, denn er erlebt eben die schrecklichste Minute seines noch kurzen Lebens. Er sieht eine junge Frau am Boden liegen. Tot? Ziemlich sicher schon, denn nichts regt sich. Urs wird kreidebleich. Er übergibt sich. Nachdem er sich wieder gefasst hat, ruft er geschockt: «Hilfe, eine Leiche! Sie ist echt tot. Was machen wir jetzt?» Die anderen schleichen sich langsam heran.

Leila beginnt zu frösteln und Anja stellt weinerlich fest: «Nein! Diese Frau ist nur etwa zehn Jahre älter als wir!» Lukas befiehlt: «Bitte nicht anfassen! Nur aus der Ferne betrachten!» Anja benutzt ihren Feldstecher, während Lukas alles fotografiert. Otto macht eifrig Notizen.

Die fünf Klick-Detektive zittern vor Angst. Mit dem Fund einer echten Leiche haben sie nicht gerechnet. Normalerweise decken sie nur harmlose Vergehen auf. Oder sie beschatten kleinere Ganoven. Aber heute sind alle gefordert, ja sogar gestresst. Ehrfürchtig treten sie ein paar Schritte zurück, um sich zu beraten.

Viele Fragen liegen in der Luft. Identität der Toten? Todesursache? Todeszeit? Verbrechen? Mord?
«Die Sportbekleidung sieht normal und unberührt aus», stellt Leila fest. Anja sucht mit dem Feldstecher die weitere Umgebung ab. «Ich werde die Polizei verständigen!», entscheidet Chef Urs. Er entfernt sich mit Handy Emma, um in Ruhe die Sachlage schildern zu können.

Die Klick-Bande bleibt in der Nähe der Toten, so, als ob sie sich als Beschützerin und Bewacherin verpflichtet fühlte.
Betroffen bleiben alle fünf wie angewurzelt stehen. So viele Fragen und Ängste schwirren im Bauch umher.
Schweigend betrachten sie die Tote. «Sie liegt mitten in den goldenen Ähren in der Nähe eines Holunderbeerbaumes am Waldrand. Die Stimmung ist traurig und doch irgendwie friedlich, nicht wahr?», stellt Otto nüchtern fest. Er schreibt erneut etwas auf.

Leila rätselt: «Schaut, wie schon die längste Zeit eine Kohlmeise über der Leiche kreist. Ob das wohl die Seele der Toten ist? Beobachtet diese Seele nun alles von oben? Oder steckt der Lebensgeist gar in jener weissen Taube, die dort drüben weg fliegt? Wohin ist das Leben überhaupt gegangen?»
«Hab' Geduld, warte noch mit solchen Dingen, Leila, diese und andere Fragen klären wir bald in der Fuchshöhle ab!», versprechen die anderen.

Wenige Minuten später treffen zwei Polizeiwagen in Begleitung anderer Autos ein. Die Leute arbeiten schnell und professionell. Sofort wird das Gebiet weiträumig abgesperrt. Auch die fünf Klick-Kinder müssen sich entfernen.

Polizeichef Obermeier schreitet ihnen majestätisch entgegen. «Euch, ich meine der KLICK-Bande, können wir schon wieder dankbar sein. Heute morgen war bei uns die Vermisstenanzeige herein gekommen. Wir waren eben daran, die Suchaktion einzuleiten, als euer Anruf eintraf. Vielen Dank. Leider müsst ihr jetzt verschwinden. Auf Wiedersehen, Kids!»

Die Klick-Bande beschliesst, sich zur Beruhigung sofort in den Wald, in die Fuchshöhle zu verziehen. Dank SMS wird nach Hause berichtet:

«SCHWIERIGER FALL. WICHTIGES ZU VERARBEITEN. ES KÖNNTE LÄNGER DAUERN. ENTSCHULDIGUNG. MELDUNG BITTE AN ALLE ELTERN WEITER LEITEN. DANKE. GRÜSSE VON KLICK & CO.»

Die Kinder klettern im Wald den steilen Hang hinauf ins Reich, in welchem die Füchse einst gewohnt hatten. In diesem vergessenen Höhlenbau fühlen sich die fünf Verschworenen geborgen. Sie entfachen ein Feuer, um ihre Seelen aufzuwärmen.

Aus dem Vorratsversteck zieht Anja eine Büchse Honigbonbons hervor. Die süssen Trösterchen tun wohl. Von nun an wird scharf nachgedacht, kombiniert und fantasiert. Leila möchte immer noch eine Antwort bekommen auf die Frage, ob jenes Vögelchen die Seele oder der Lebensgeist der Toten gewesen sein könnte …

«Glaubst du tatsächlich, dass der Geist oder der Lebenshauch, welcher aus der Joggerin ausgetreten ist, sich an einen Vogel hängt, um noch ein wenig umher zu gucken und Abschied zu nehmen?» erkundigt sich Lockenkopf Urs.
«Ja, genau so denke ich mir das. Du kannst mir jedenfalls nicht das Gegenteil beweisen, oder?» Leila ist überzeugt davon.

Otto «Siebengscheit» überlegt lange, wie immer vorwärts, rückwärts und rundum. Er fragt sich kleinlaut: «Hat der Lebensgeist etwas mit Wärme zu tun? Wärme nennt man auch Energie. Energie ist Kraft. Ist der Lebensgeist also nur Energie, unsichtbare Kraft? Dann könnte sich diese Energie aber schon an den Vogel hängen! So etwas leuchtet mir ein.»

Diesen Ideenfaden spinnt Anja weiter: «Wenn die Kohlmeise wirklich den Geist oder meinetwegen die Lebenskraft des Mädchens weiter trägt, dann wäre doch dieser Vogel selbst zu einem Geistwesen geworden. Was sind denn überhaupt Geister? Wie sehen sie aus? Wer von euch hat schon einmal Geister gesehen, gespürt oder gehört? Erklärt mir doch bitte den Unterschied zwischen ‹Geist›, ‹Geistern›, ‹Lebenshauch› und ‹Lebenskraft›. Wer wagt es?» Anja ist dem Weinen nahe. Sie ist schon ziemlich verwirrt.

«Unter einem Geist stelle ich mir etwas anderes vor.» Das findet Laubfleck Lukas. «Ich sehe die Geister eher als eine Art witzige, menschenähnliche Nebelschleierwesen. Gewisse Leute hören die Geister sogar lachen und spuken. Wahrscheinlich kann ein Geist auch denken. Manchmal meinen die Geister es gut mit einem, meistens aber verhalten sie sich so, dass sie uns Menschen Angst einjagen.»

Anja meint ergänzend: «Ja, es gibt doch jene unheimlichen Poltergeister, die um Mitternacht in alten Burgen und Schlössern ihr Unwesen treiben und die Hausbewohner nachts stören, ja sogar ärgern. Es wird behauptet, dass es sich dabei um den Geist eines früheren Hausbesitzers handeln könne, der noch nicht Abschied genommen habe, weil da noch irgendwelche Probleme zu lösen seien!» Alle nicken zustimmend.

Lukas grüne Augen leuchten wie Smaragde: «Oho, ich liebe Geister- und Spukgeschichten! Natürlich bin ich überzeugt davon, dass Geister menschenähnlich aussehen, überlegen und gezielt handeln können. Demnach denken sie ganz bewusst. Also müssen sie ein BEWUSSTSEIN haben! Welche Erkenntnis! Spukstories sind spannend. Soll ich euch eine erzählen?»

«Danke vielmals, die Lage ist zu ernst!» Chef Urs wird streng. Er möchte einmal Lehrer werden, der Arme! Er will Klarheit schaffen: «Dürfen wir hiermit festhalten, dass wir den Geist, den wir als Lebensenergie verstehen, nicht verwechseln dürfen mit jenen menschenähnlichen Geistern, die möglicherweise aus dem Jenseits kommen?»
Alle sind einverstanden. Sie denken sich: «Urs ist schon heute ein Lehrer. Macht nichts, wir mögen ihn trotzdem. Er meint es ja gut mit uns!»

Leila wird nachdenklicher. «Und was ist mit der SEELE? Ist sie nicht das Gleiche wie der Lebensgeist, die Lebensenergie? Wohin ist nur die Seele jenes toten Mädchens gefahren oder geflogen?» Allgemeine Ratlosigkeit breitet sich aus. Alle starren stumm ins Feuer und denken: «Was ist die Seele? Wie sieht sie aus? Wo ist sie?»

Otto legt seine Stirn in Falten. Er guckt durch die dicken Brillengläser ins Weite. Er fragt sich: «Ist die Seele nicht das Herz, die Liebe eines Menschen? Sie hat etwas mit den Gefühlen zu tun. Wäre es demnach auch möglich, dass an jenem Vogel nicht der Geist, sondern die Seele hängen geblieben ist?»

«Stimmt, Otto, deine Idee macht Sinn», erkennt Leila und berichtet: «Meine Mutter behauptet, dass die Seele meiner geliebten Grossmutter noch heute unter uns weile. So unsichtbar wie ein Windchen oder ein Nebelschleier, wie eine Meereswelle oder eine Melodie! Ja, auch ich kann mir gut vorstellen, wie dieser Wind sich ausdehnt und die ganze Welt umspannt. Welcher Überblick, welche Weite und Freiheit! Das muss wunderbar sein!
Wenn zwei Menschen gut zusammen harmonieren, dann schwingen eben die beiden Seelen im Gleichklang miteinander. Und dies könnte sogar über den Tod hinaus funktionieren! Möchten uns wohl die Seelen der Verstorbenen auf diese Weise nahe kommen oder uns gar beschützen? Meine Mutter ist überzeugt davon. Ich eigentlich auch. Immer bei Problemen oder Streitereien mit anderen Kindern rufe ich in Gedanken meine tote Grossmutter an und bitte sie um Hilfe. Immer ergibt sich eine Lösung! Deshalb verliere ich nie so schnell den Mut.»
Leila wirkt ganz erschöpft vom Denken und Reden.

Zur Ergänzung fügt Otto hinzu: «Ja, alles ist beseelt, die Steine, die Pflanzen, die Tiere, die Federn, die Häuser, die Möbel, die Wolken, die Lüfte und die Meere! Das haben schon die alten Indianer heraus gefunden.»

«Unsinn!», wettert Lukas. «Du kannst mir nichts beweisen. Das ist etwa gleich unlogisch, wie wenn ich für jeden lustigen Witz, den ich erzähle, mir eine Sommersprosse mehr einhandeln würde! Soll ich dir meine Ansicht von der Seele verraten? Also, ich sehe das so:

Die Seele ist bestenfalls eine Informationswolke oder der persönliche Datenträger eines Verstorbenen. In dieser Wolke ist das ganze Leben gespeichert. In der Wolke wird entschieden, was gut oder schlecht im Leben verlaufen ist.

Sollte der Verstorbene ein übler Verbrecher gewesen sein, muss er halt zur ‹Verbesserung› wieder zur Welt kommen, neu anfangen und sich dem Problem nochmals stellen. Punkt!»

«O weh, dann wäre laut deiner Theorie unser Dasein hier also jedes Mal eine heilende Strafe? Das gefällt mir gar nicht. Lukas, ich glaube, für diesen Witz bekommst du zur Strafe ab sofort ein paar Sommersprossen mehr!», spottet Urs.

Otto «Siebengscheit» erhebt mahnend seinen rechten Zeigfinger. Er erklärt:

«Die Idee mit der Wiedergeburt ist uralt. Sowohl die Buddhisten wie auch die Hindus leben schon Ewigkeiten damit. Ich habe ein wenig darüber gelesen. Die Menschen, welche daran glauben, geben sich sehr Mühe, ein ehrliches Leben voller Liebe und guter Taten zu führen, damit ihr nächstes Leben nicht schlechter, sondern besser wird. Gewisse Seelen werden in ein Tier hinein oder zurück geboren. Deshalb ist das Töten von Tieren eine Sünde, weil damit eine Seele auf ihrem Entwicklungsweg unterbrochen wird. Seitdem ich dies weiss, esse ich keinen Bissen Fleisch mehr. Ich bekomme ein schlechtes Gewissen, weil mir die Seele jenes Tieres so leid tut.»

Es wird mäuschenstill, denn Ottos Rede bringt alle arg in Verlegenheit. «Otto, du Schwerenöter, du solltest weniger lesen!», rät Anja. «Mein liebster Onkel ist ein gescheiter, fröhlicher Mann, ein frommer Jude. Er feiert fürs Leben gern. An sein Lebensende will er nicht denken. ‹Nach dem Tod ist sowieso alles vorbei. Die Toten loben Gott nicht!›, pflegt er jeweils zu sagen. Er hat doch recht, oder etwa nicht?»
«Aber sicher!» bestätigt Urs. «So wie dein Onkel empfinden die meisten Leute hier. Das ist normal. Mit dem Warten, dem ewig toten Zustand bis zum Jüngsten Tag … , damit komme ich nicht klar!», gesteht Urs weiter. «Bitte Otto, erzähle uns mehr über die Wiedergeburt. Das interessiert mich, und euch?» Lockenkopf Urs wird ganz zapplig.

Inzwischen ist es stockdunkel geworden. Es werden Kerzen angezündet und Honigbonbons nachgeschoben. Das erquickt und erhellt die Gemüter.

Schon löchert Urs seinen Kollegen mit einer neuen Frage: «Aber Otto, wann hören denn diese ewigen Wiedergeburten auf?» Otto fühlt sich geschmeichelt als «Siebengscheit». Diesmal erläutert er mit erhobener Brust und deutlicher Stimme:
«Das Eingehen in die Ewigkeit, genannt Nirwana, darf erst geschehen, wenn die betreffende Seele all ihr Leiden, ihre schlechten Gefühle wie Egoismus und Gier, Hass und Neid überwunden hat. Das dauert schon seine Zeit! Es soll sich aber lohnen, denn im Nirwana muss es, genau wie in unserem Himmelreich da oben, wunderschön sein: Alle haben sich lieb.
Sie leben körperlos und harmonisch im Glück, wollen nie mehr zurück!»

«Ziemlich langweilig!», bemerkt Scherzkeks Lukas. «Keine Ganoven, keine Dummheiten, keine Krimifälle, keine Pizzas, keine Grippe zum Schule Schwänzen … Und wo verwandeln sich die Seelen, bis sie zurück kehren? In den Sternen? Gibt es Verwandlungs-Sternenhäuser da oben?»

«Verwandlungs-Sternenhäuser!!! Du hast Fantasie mit Humor, Lukas. Ich gratuliere dir. Aber wo vermutest du das Zuhause der Engel? In meinen Träumen wohnen die ENGEL in den Sternen.», meint Leila und gesteht: «Ich liebe Engel. Und du, Anja?»

Anja beginnt zu berichten:
«Da oben über den Wolken, hinter dem Mond im Weltall, dort leben meine himmlischen Engelwesen. Zum Engel kann ein Mensch dann werden, wenn er immer die Wahrheit gesagt hat. Mehr weiss ich im Moment nicht dazu. Aber ich könnte durchaus noch intensiver darüber nachdenken, wenn ihr es möchtet.», verspricht Anja zuversichtlich.

«Ja, lasst Anjas Hirn ins Sprinten kommen! Das wird spannend! Passt auf, sie steigert sich, es geht gleich weiter!» Lukas schmunzelt und freut sich.
Anja macht mit. Sie schliesst die Augen, um sich zu konzentrieren. «Achtung, meine Fantasiereise beginnt! Ich fliege in Gedanken zu den Engeln ins Universum! Jetzt sehe ich sie schon: Es tanzen vor mir liebliche Feenwesen mit Schleierkleidern und Flügeln, fast körperlos, aber mit Händen und Füssen! Für mich sind sie eine Art Gefühlsgedankenträgerinnen, Ideenübermittlerinnen und erst noch Schutzgöttinnen»! Anja wirkt wie verzaubert.

«Toll, und wo sind wir Männer geblieben? Vergessen?» Lukas fühlt sich in seiner Männlichkeit mehr als vernachlässigt, ja gekränkt! Anja meditiert weiter. Sie weiss sich als Sportlerin geschickt zu verteidigen: «Aha, du wünschest dir männliche Engel! Kein Problem, du kennst sie bereits: Das sind doch deine Infowolken! Diese können sich mit dem Wind rasch und elegant verformen. Aber zwischendurch erkenne ich noch viel typischere Männerengel. Sie sind mit einem Nachthemd oder einem Hosenanzug bekleidet, haben Vogelflügel am Rücken. Diese Himmelsprinzen sind sehr hübsch! Eben kommen noch ein paar witzig-mollige Babyengel angeflogen. Die sind süss! Ich höre zauberhafte Melodien und Musik ... Männliche Engel sind ebenfalls Informationsträger. Sie übermitteln aber nur wissenschaftlich sachliche Gedanken und Ideen!»

Lukas ist mehr als zufrieden. Er lässt sogar ein Kompliment locker: «Bravo Anja, ich bewundere dich. Du bist unsere Fantasiewundertüte!»
«Aber wo ist GOTT? Haben wir ihn vergessen? Überwacht nicht ER alles? Unsere philosophische Reise wird immer aufregender!», findet Leila.

Urs wirft einen flüchtigen Blick Richtung Armbanduhr. Er erschrickt: «Ist es wirklich 22 Uhr? Um Himmels willen, wir sollten längst zu Hause sein!»
Die verrückten Gedankensprünge ins Jenseits haben die Klick-Kinder Ort und Zeit vergessen lassen. Sie müssen Abschied nehmen.
Schon melden sich die alles durchdringenden SMS-Töne von Handy Emma. Urs liest laut vor: «HOLE EUCH AB, PIZZA IM OFEN, ELTERN WISSEN BESCHEID, ALLES OK, PAPA.»

Erleichtertes Aufatmen. «Um diesen philosophischen Höhenflug würdig abzurunden, schlage ich euch vor, dass ihr in zwei Sätzen zusammenfasst, wie ihr den lieben Gott empfindet. Wir kehren ins Erdendasein zurück, indem wir uns zudem noch als Tier zu Wort melden, einverstanden?» Ein zustimmendes Lächeln geht durch die Runde. Urs ist nicht nur der Chef der Bande, er ist eben auch der Sohn eines reformierten Pfarrers, also direkt verwandt mit Gottes irdischem Personal.

Der quirlige Lukas beginnt: «Ich, Rotfuchs Lukas, vergleiche den lieben Gott mit einem uralten, weissbärtigen Hirten. Dieser sitzt auf einer Wolke, die überall gleichzeitig sein kann. Seine ‹Schäflein› oder Mitarbeiter sind Geistwesen, die so perfekt organisiert sind wie ein Ameisenstaat!» Lukas ist sehr stolz auf seine zwei knappen, klaren Sätze. Sicher hat er jetzt dank dieser Meisterleistung wieder ein paar Sommersprossen verloren.

«Prima Idee!», tönt es. Lässt sich Urs von den Flammen des Feuers inspirieren? Lange starrt er fragend ins Feuer, bis er endlich etwas von sich gibt: «Als Löwe und Rudelchef empfinde ich Gott als eine himmlische Macht und allwissende Kraft, die wir im Gebet anrufen dürfen. Wer weiss, vielleicht können wir sie sogar anzapfen?»
«Das Wie wird dir hoffentlich dein Vater beibringen!», bemerkt Lukas spitzbübisch.

«Als Fledermäuserich Otto bin ich ebenfalls überzeugt von einer göttlichen Kraft, die Spuren hinterlässt, welche wir in den Kirchen, an heiligen Orten oder bei uns und unseren Glücksbringern aufspüren können. Diese geistigen Spuren funktionieren wie Radar- oder Radiowellen und senden uns Infos, Gedankenblitze und Erfinderideen herüber!» Otto ist ganz überrascht von der Geburt seiner beiden Bandwurmsätze. Der arme wird immer bleicher. Ein Glück, dass wenigstens sein Magen knurrt. Leila bietet ihm zur Stärkung nochmals ein Honigbonbon an.

Anja räuspert sich. Sie holt mehrmals tief Atem, bis sie sich meldet: «Für mich als schwarze Panterin kann Gott nur eine Frau sein, weil ja schon der Teufel ein Mann ist. Alles andere wäre ungerecht! Dabei stelle ich mir eine Lichtgöttin vor, die von der Sonne abhängig ist und darüber wacht, dass das Böse das Gute nicht übertrumpft, so lange, bis das Böse sich selbst zerstört hat!» Anja ist zufrieden mit ihrem Einfall. Sie ist hellwach. Ihre stahlblauen Augen blinken wie die Alarmlichter eines Polizeiwagens.

Das Schlusswort bekommt Leila: Sie hat intensiv studierend an den Fingernägeln herum gekaut. Fast träumend lässt sie verlauten: «Als weisse Taube Leila spüre ich den göttlichen Funken auch in mir drin und ahne, dass überall, im Himmel wie auf Erden, in der Natur wie in allen Lebewesen, Gott so wirkt, dass wir seine Werkzeuge sind. Gott betreibt eine Kosmos-Maschine, bei welcher wir nur ein winziges Zahnrädchen sind, das aber seine Aufgabe unbedingt erfüllen muss.»

«Bravo Leila, das macht Sinn! Dann glaubst du also nicht an Zufälle?» fragt Urs nach. «Tja, darüber darf dein Vater Red und Antwort stehen, wenn er kommt!», gibt Leila schlagfertig zurück.

Laubfleck Lukas bestätigt die pfarrherrliche Ankunft: «Schaut, dort drüben fährt uns ‹Urspapa› entgegen. Ich erkenne die Scheinwerfer seines Autos.» Und weil Lukas meistens richtig tippt, wird der Aufbruch in die Wege geleitet. Die Knaben rücken dem Feuer nach altem Pfadfinderbrauch zu Leibe: Die Mädchen gucken in die Sterne und die Herren löschen echt männlich mit ihrem ganz persönlichen Wasserstrahl!

Die Klick-Bande schlendert dem Renault Espace entgegen. Zu gerne lassen sich die fünf nach Hause chauffieren. Während der Fahrt will es der ungeduldige Urs sofort wissen:

«Papa, glaubst du an Zufälle?
Wie steht es mit dem Zeitpunkt des Todes?
Schicksal oder Fügung?
Warum musste diese Joggerin so jung sterben?
Hat dieser Fund und ihr Tod etwas mit uns zu tun?
Du als Fachmann, liefere uns Antworten darauf, bitte … !»

«Ach Kinder, ihr seid unersättlich!», seufzt der Herr Pfarrer. Eigentlich möchte er viel lieber nur stumm Auto fahren. Wie mühsam. Die Dunkelheit und das Schütteln auf dem Holperweg hätten als Anstrengung genügt. Trotzdem ringt er sich zu einer Auskunft durch.

«Meiner Meinung nach gibt es eine unsichtbare, übergeordnete Ganzheit. Ich stelle mir diese zusammenhängende Ordnung vor wie ein MANDALA. Ihr kennt ja die vielen verschiedenen Mandalas, nicht wahr? Das sind jene geometrisch aufgebauten Kreisbilder, die ihr so gerne ausmalt. Erfindet ihr eigene Mandalas, dann lernt ihr euch selbst besser kennen, denn ihr ordnet dabei eure Gefühle und Gedanken. Ihr findet eure Mitte, euer seelisches Gleichgewicht wieder. Mandalas zeichnen, das ist wie Beten oder Meditieren. Es hilft, beruhigt und tröstet.
Die kosmische Ordnung widerspiegelt sich auch im Planetensystem, am Sternenhimmel! Aber wir Menschen vermögen dieses wohl durchdachte Gefüge, dieses GÖTTLICHE GANZE nie vollständig zu verstehen. Wir erleben nur Bruchstücke davon. Aus diesem Grunde glaube ich nicht an Zufälle, sondern an göttliche Pläne, an Fügungen. Ein Todesfall tritt für die Angehörigen immer zu früh ein. Meistens wird dieser Ratschluss Gottes nicht verstanden, weil jeder Mensch nur seinen eigenen Standpunkt und Blickwinkel kennt.
Wechselt einmal die Optik! Versetzt euch in die Seele jener verstorbenen Joggerin. Vielleicht hatte sie nur noch ein paar wenige Erlebnisse oder Aufgaben in ihrem kurzen Erdendasein zu erledigen. Danach durfte sie wieder in den himmlischen Zustand der Glückseligkeit, der Liebe und des ewigen Friedens zurück kehren. Für SIE war es richtig, für Gott auch. Wer sagt denn, dass das, was WIR denken und fühlen, immer das Richtige ist?»
Betretenes Schweigen. Der Profi hat gesprochen.

Nur Leila wird unruhig. Sie fühlt sich als Trauernde nicht ernst genommen: «Wie trösten Sie die Verwandten? Diese gehören auch zu Ihren Kunden, Herr Pfarrer!» Sie fragt so scharf, dass man zur Entspannung die dicke Luft hätte durchschneiden müssen.

Deshalb ertönt die pfarrherrliche Stimme nun etwas sanfter: «Selbst ich suche bei jedem Todesfall neu nach Worten, die Trost spenden. Oft spüre ich, wenn ich intensiv für die Toten bete, dass eher SIE mir helfen, indem sie mir neue, bessere Gedanken eingeben. Die Verstorbenen möchten uns eben anders nahe bleiben.
Das Trauern hat nicht nur mit Denkarbeit zu tun, sondern auch mit viel Handarbeit, mit dem Verarbeiten! Tut etwas! Verkümmert nicht vor Leid! Macht weiter, bleibt froh und heiter! In jedem Abschied steckt die Chance eines Neuanfangs! Möchten die Verstorbenen uns dies mitteilen?
Mit solchen Gedanken versuche ich zu trösten und predige immer wieder: VERLIERT NIE DEN MUT! MALT MANDALAS! PFLANZT EINEN BAUM!»

Beim Pfarrhaus angekommen, wird die Klick-Bande von ofenfrischen Pizzadüften empfangen. Herrlich! Wie wohl der nächtliche Schmaus tut, das merken die fünf Gedankenausflügler erst mit der Zeit. Das Essen bringt sie zurück auf den Boden der Wirklichkeit. Noch nie war eine Pizza am Pfarrhausküchentisch so schmackhaft und überlebenswichtig wie diesmal!

Nach dem Essen haben die Kinder bleischwere Augenlider. Schlaftrunken werden sie nach Hause gebracht. Wann? Das weiss niemand mehr so genau …

Am Montag in der Schule ist der Tod der jungen Joggerin in aller Munde. Klara soll sie geheissen haben und im Nachbardorf als neue, junge Lehrerin sehr beliebt gewesen sein. Todesursache? Plötzlicher Herztod beim Joggen? Sie muss einen unentdeckten Herzfehler gehabt haben. Der Verlust ist unfassbar, die Ratlosigkeit grenzenlos, die Trauer unendlich.

Der Schulbetrieb im Nachbardorf verläuft nicht mehr nach Plan. Alle Kinder sind bedrückt, tuscheln nur leise miteinander. Die einen zeichnen, andere schreiben oder basteln Girlanden. Und wieder andere malen grosse Mandalas, um die Eingangshalle zu dekorieren. Ein runder Tisch in einer Ecke wird zum Altar, auf welchem Fotos und viele Erinnerungen sowie persönliche Geschenke aufgestellt werden. An starken Baumästen hängen ebenfalls selbstgemachte Papierblumen, Andenken und Kerzenlichter.

Natürlich radelt die Klick-Bande auch dorthin, um Abschied zu nehmen. Stumm, betroffen und gerührt bleiben alle fünf in der Eingangshalle stehen. Sie lassen die Stimmung lange auf sich einwirken. «Merkt ihr, wie die Seele dieser Lehrerin hier Spuren hinterlassen hat, überall weiter wirkt?» Leila staunt. «Ja», bestätigt Anja, «für mich ist die Seele wie die Liebe, und der Geist, das sind die Gedanken. Diese beiden Dinge bleiben unsterblich!»

Ein paar Wochen später trifft sich die Klick-Bande am Waldrand, dort beim Holunderbaum, wo sie die Tote gefunden haben. Sie pflanzen ein Tannenbäumchen. Dieses Tännchen wird zum zweiten Geheimtreffpunkt, nicht nur für die fünf Klick-Kinder, sondern auch für viele Tiere: Stille Rehe, scheue Hasen, kleine Mäuschen, weisse Tauben, fröhliche Spatzen und liebliche Kohlmeischen …

Meine persönlichen Gedanken zum Thema

Name: Datum:

Meine persönlichen Gedanken zum Thema

Name: Datum:

Meine eigenen Bilder zum Thema

Name: Datum:

Meine eigenen Bilder zum Thema

Name: Datum:

Elisabeth Tschudi-Steinmann
im HORCH! Verlag

**Die sieben Weltwaisen
Eine illustrierte Geschichte zum Thema Solidarität,
Integration und Toleranz**
ISBN 3-906436-01-2

«Starke Symbolkraft mit einer Vorliebe zum Detail.»
(Kirchenbote)

«Kindergerecht und zeitkritisch. Farbenfroh und fantasievoll
illustriert, wobei die Erwachsenen eine Vielzahl auch von
religiösen Symbolen entdecken.»
(Die Südostschweiz)

«Multikulturell, positiv und fruchtbar.»
(Vogel Gryff)

**Die fliegende Schnecke Flitzi
Ein Buch für Kinder … von Kindern zum Thema Begabungen …
Und dann?**
ISBN 3-906436-10-1

«Mit wunderschönen Zeichnungen.»
(Baslerstab)